Hans Kruppa

In deiner Nähe

Hans Kruppa

In deiner Nähe

Liebesgedichte

Mit Illustrationen
von Catherine Ducloux

Anaconda

Vom Autor leicht überarbeitete Ausgabe
© 2020 an den Gedichten bei Hans Kruppa
Mehr Informationen über den Autor im Internet:
www.hans-kruppa.de

© 2020 an den Illustrationen bei Catherine Ducloux
Mehr Informationen über die Illustratorin im Internet:
www.catherines-galerie.de

Verlagsgruppe Random House FSC® N001967

Die Deutsche Nationalbibliothek verzeichnet diese Publikation
in der Deutschen Nationalbibliographie; detaillierte bibliographi-
sche Daten sind im Internet unter http://dnb.d-nb.de abrufbar.

© dieser Ausgabe 2020 by Anaconda Verlag,
einem Unternehmen der
Verlagsgruppe Random House GmbH,
Neumarkter Straße 28, 81673 München
Alle Rechte vorbehalten.
Umschlagmotiv: Blumen, Shutterstock / mamita
Umschlaggestaltung: Druckfrei. Dagmar Herrmann,
Bad Honnef
Satz und Layout: InterMedia – Lemke e. K., Ratingen
Druck und Bindung: GGP Media GmbH, Pößneck
Printed and bound in Germany
ISBN 978-3-7306-0933-0
www.anacondaverlag.de

… Und ich sagte,
Liebe ist wirklich,
Liebe ist wichtig,
denn ohne sie
verliert das Leben
seine Seele.

Natur pur

Der Vollmond
eine dunkelgelbe Kugel
über dem aufgepeitschten Meer –
ein Geschenk für die Augen.
Der Seewind
wild auf unserer Haut,
in unseren Haaren.
Hundert Meter unter uns
die Brandung
wie Donner –

nach dem Blitz
unseres Kusses.

Und keine Worte

Ich habe
aus deiner Hand
geatmet,

habe
all deine Farben
gesehen und mehr,

deine tausend Gesichter,

habe so viel gefunden –

und keine Worte,
es zu verraten.

Überwältigt

Unvergeßlich,
diese Nacht,

als ich die Farben
deiner Seele
strahlen sah –

überwältigt
von der Schönheit
deiner Gesichter,
dem Zauber des Geschehens –

aufgegangen
in einer Wirklichkeit,
die kein Traum
erreichen kann.

Gelebt

Gelebt
wie viel zu lange
nicht mehr,

aus dem vollen geschöpft,
in Glanz gebadet,
alles mit neuen Augen gesehen.

Ein Abend,
der hundert Tage
ohne Glück
vergessen läßt –

einen winzigen Goldstern
auf dem Boden entdeckt
und in deinem Haar
versteckt.

Ganz für uns

Deine Küsse sind Mord, Geliebte!
Du tötest mit ihnen
Vergangenheit und Zukunft.

Nichts ist gewesen
und nichts wird sein,
solange wir uns küssen.

Augenblicke –
ganz für sich,
ganz für uns.

Pures Leben

Wie ich gezittert hab
in deinen Armen,
als unser Zögern
sich in Duft auflöste
und pures Leben uns durchströmte …

Wie ich von deinen Lippen trank
mit einem Durst,
der nie gestillt sein wollte.

Himmelblau

Der Himmel
ist heute so blau
wie deine Augen.
Sie und er scheinen
mit derselben Farbe gemalt,
mit der gleichen Heiterkeit beschenkt.

Unsere Blicke
lachen sich an –
und ich weiß nicht mehr,
wo oben
und unten ist.

Küß mich weiter

Küß mich weiter,
wenn das Gefühl
so stark wird,
daß du glaubst,
du mußt schreien.

Laß mich den Schrei
in deinem Kuß fühlen.

Geheimste Türen

Liebe öffnet
die Augen der Seele,
macht das Herz empfänglich
für die Faszination des Lebens.
Langeweile wird zum Fremdwort.
Allein das tiefe Atmen
kann eine Offenbarung sein.
Zeit wird lebendig, spürbar,
geht nicht an uns vorbei,
sondern läßt sich auf uns ein.

Die Suche nach größerem Glück
hat ihre Richtung gefunden,
die Kluft zwischen Sehnsucht
und Alltag wird schmaler,
scheint sich zu schließen.

Und das Leben führt uns
vor seine geheimsten Türen,
durch die allein
berauschte Herzen gehen.

Liebe ist leise

Liebe ist leise.
Sie preist ihren Wert
nicht an wie ein Händler
seine Waren.
Eher gleicht sie einer Blume,
die abseits der
vielbegangenen Wege steht
und märchenhaft aufblüht,
wenn jemand sie mit
den Augen des Herzens sieht.

Es gibt Menschen

Es gibt Menschen,
die Angst davor haben,
sich in einer Liebe zu verlieren,
ohne sich ernsthaft zu fragen,
ob sie sich überhaupt schon
gefunden haben.

Nur im Gleichgewicht

Wenn du dich verliebst,
erwarte vom anderen nicht mehr,
als du selbst geben kannst.

Liebe steigt nur im Gleichgewicht
zwischen Geben und Empfangen.

Wer mehr nimmt,
als er gibt,
zerstört die Balance
und läßt die Liebe
abstürzen.

Eine Frage der Reihenfolge

Ich glaube,
du möchtest mich ändern.
Aber wie willst du mich ändern,
wenn du mich kaum kennst?

Es ist eine Frage der Reihenfolge.
Bevor man einen Menschen verändert,
sollte man ihn verstanden haben.

Hat man ihn verstanden,
will man ihn vielleicht
nicht mehr verändern.

Der Weg dorthin

Freiheit,
erkauft durch Oberflächlichkeit
in der Liebe,
ist zu teuer bezahlte Freiheit.

Liebe,
erkauft durch den Verlust
an Freiheit,
ist zu teuer bezahlte Liebe.

Liebe, die keine Freiheit kostet,
und Freiheit,
die keine Liebe kostet,
ist das Ziel.

Der Weg dorthin –
ein Seiltanz,
mit verbundenen Augen.

Wie geblendet

Solange wir wie geblendet
in das Laternenlicht
unserer eigenen Person starren,
sehen wir nicht
die Sterne am Himmel
der Liebe.

Fingerspitzengefühl

Überwältigend,
was geschehen kann,
wenn sich die Fingerspitzen
zweier Menschen
ganz leicht berühren –

zur rechten Zeit,
am richtigen Ort.

Verlustängste

Habe ich Angst,
das Gute zwischen uns
zu verlieren –

oder habe ich Angst,
erkennen zu müssen,
daß ich es
schon verloren habe?

Verluste

Das Beste daran,
dich verloren zu haben,
ist,
daß ich meine Angst
verloren habe,
dich zu verlieren.

Falsche Wahl

Daß du mich
so traurig machen kannst,
sollte dir zeigen,
wie glücklich
du mich hättest
machen können.

Angst ist nicht so schlimm

Das Herz lebt nicht
von der Vergangenheit,
Gewohnheit ist
keine Gemeinsamkeit,
Angst vor dem Alleinsein
ist nicht so schlimm
wie die Einsamkeit
zu zweit.

Zauberspruch

Wissen ohne Gefühl
ist kalt
und immer zu alt.

Sehen ohne Spüren
kann die Seele
nicht berühren.

Ungewollt

Aus den Steinen,
die wir uns ungewollt
in den Weg gelegt haben,
ist eine Mauer geworden,
die zwischen uns steht:
ein Denkmal der Fehler,
die wir gemacht haben.

Präventivmaßnahme

Wenn ich weiß,
daß mein Partner
in bestimmten Situationen
aus einer Mücke
einen Elefanten machen kann,
halte ich die Mücke
von ihm fern,
damit ich nicht
mit dem Elefanten kämpfen muß.

Leicht gesagt

Deine Ängste in Ehren,
aber dir bleibt
keine andere Wahl,
als sie zu verlieren,
wenn du deine Träume
leben willst.

Reichtum

Wirklich reich ist,
wer mehr Träume
in seiner Seele hat,
als die Realität
zerstören kann.

Billiger Trost

Sicherheit
ist die Droge
der Lieblosen,
sie hilft ihnen,
innere Leere zu ertragen.
Ein billiger Trost –
denn ein Jahr Sicherheit
ist nicht so viel wert
wie ein paar Stunden Glück.

Lebenskunst

Lebenskunst ist,
geduldig auf das Glück
zu warten
und sich die Wartezeit
so gut zu gestalten,
daß man sie vergißt.
Dann kommt
auch das Glück
am ehesten.

Entscheidungen

Mußte man sich
in einer Herzensangelegenheit
für einen
von zwei Wegen entscheiden,
wird man nie wissen können,
ob man die richtige Entscheidung
getroffen hat,
denn man erfährt nie,
was einen auf dem
nicht eingeschlagenen Weg
erwartet hätte.

Man kann nur hoffen,
richtig gewählt zu haben,
und muß mit der Möglichkeit leben,
einem Irrtum unterlegen zu sein.

Geliebte Gegenwart

Wer sich zu viele Gedanken
über seine Vergangenheit
oder zu viele Sorgen
um seine Zukunft macht,
kann sich damit leicht
die Beziehung
zur Gegenwart verderben,
die doch die einzige Zeit ist,
die uns Glück schenken kann –

wenn wir sie empfangen
wie eine Geliebte.

Verjährt

Das Bild,
das ich mir
von uns beiden gemacht habe,
hat die Zeit zerrissen
und in den Papierkorb
mit der Aufschrift *Verjährt*
geworfen –
achtlos, so nebenbei,
als sei sie schon
ganz woanders.

Harmonie

Ich geb dir
so gern meine
ganze Liebesenergie,
weil du
märchenhaft küßt
und wunderschön
anzusehen bist
in den Momenten
tiefer Harmonie.

Wie Blüten im Winter

Niemand ist perfekt –
aber Momente
können perfekt sein,
Stunden, Abende.
Abende,
die Menschen erleben,
wenn das Perfekte in ihnen
sich öffnet
wie Blüten
im Winter.

Vielleicht eine Antwort

Was soll ich dir sagen,
wenn du mich fragst,
warum so viele Menschen
arm an Liebe sind,
warum so wenig Schönheit
in unseren Städten wohnt,
warum so viele Träume
unter die Räder kommen
auf den Straßen der Realität?

Vielleicht, daß man Stärke braucht,
daß ohne Optimismus, ohne Hoffnung
kein neuer Anfang gelingen kann –
und daß Träume erst verloren sind,
wenn man sie aufgegeben hat.
Vielleicht auch, daß es
an jedem Einzelnen liegt,
was er aus seinem Leben macht
und machen läßt.

Worte machen das Herz nicht satt,
doch es schlägt nur noch aus Gewohnheit,
wenn es die Sehnsucht nach
dem Wunderbaren verloren hat.

Zwei Menschen lieben

Einen Menschen lieben
heißt,
ihn zu formen
und sich
von ihm
formen zu lassen.

Zwei Menschen lieben
heißt,
sich nicht
verformen zu lassen
von den Konflikten,
die dabei entstehen.

Problemlösung?

Wäre ich ein Regenwurm gewesen,
hätte ich mich
in zwei Stücke schneiden lassen,
um bei dir bleiben
und mit ihr
gehen zu können.

Ein Mensch
sollte sich verdoppeln
und zwei Leben führen können.

Es wäre sehr praktisch
in der Liebe,
würde viele Probleme lösen –
aber vermutlich
noch mehr schaffen.

Mit gemischten Gefühlen

Dir macht es nichts aus,
deinen Stolz zu vergessen,
wenn du liebst.

Wie oft hast du schon
dein Gesicht verloren
und dir ein neues geschnitten
aus dem Stoff deiner Hoffnung!

Ich erlebe dich
mit gemischten Gefühlen,
doch in deiner Schwäche
liegt eine Stärke,
die ich bewundere.

Das Gesicht der Liebe

Zu viele Ohrfeigen
ins Gesicht der Liebe
machen es traurig,
ernst und mutlos –
und es kann
kein Lächeln mehr schenken,
keinen Zauber mehr erwecken.

Es kann sich nur
mit Vergessen waschen,
jeden Morgen aufs neue,
und in den
Spiegel der Hoffnung schauen,
solange er noch heil ist.

Das Ende einer Liebe

Das Ende einer Liebe
ist
die Voraussetzung
für den Beginn einer neuen,
ist
der Grund
von Traurigkeit und Enttäuschung,
ist
der Zusammenbruch
einer guten Vergangenheit
und
das Zögern
vor dem Aufbau
einer besseren Gegenwart.

Wegen einer anderen

Wegen einer anderen
behandelte ich
deine Gefühle für mich
stiefväterlich.

Deine Tränen
klagen mich an.

Das Höchste Gericht
spricht die Liebe schuldig
und mich frei.

Und die Liebe lächelt,
denn sie kann man
nicht fassen.

Ich brauche dich nicht

Ich brauche dich nicht.
Du fehlst mir,
aber ich kann ohne dich leben.

Manchmal werde ich
mit einem traurigen Gefühl
an dich denken.

Was dir auch
immer wehgetan hat:
Ich tat es nicht,
um dich zu verletzen,
sondern um Träume zu retten,
die Nahrung brauchten.

Ich brauche dich nicht.

Ich muß es mir
nur oft genug sagen.

Vielleicht glaube ich
es dann irgendwann.

Hab nie Angst vor dem Ende

Hab nie Angst vor dem Ende,
wenn etwas Schönes anfängt.

Kein Preis ist zu hoch
für erlebtes Glück,
keine Trauer zu tief,
keine Enttäuschung zu schwer.

Leben heißt bereit sein,
irgendwann zu sterben.
Lieben heißt bereit sein,
irgendwann Abschied zu nehmen.

Wie Vögel im Käfig

So viele Menschen
haben Angst vor der Liebe:
weil sie alles verändert
und ihnen die Kontrolle
über ihre Lebensführung
aus den Händen nimmt,
um ihnen ein freieres
Leben zu bieten.

Menschen, denen Sicherheit
wichtig ist,
fürchten die revolutionäre
Kraft der Liebe,
die in einer Nacht
alles umstürzen kann,
was sie bislang
für gut und richtig hielten.

Und sie bekämpfen sie
mit allen Mitteln,
bekämpfen ihre Befreierin,
denn sie leben lieber
weiterhin in der Gefangenschaft
ihrer Routine, ihrer Ängste,
ihres vorprogrammierten Alltags.

Sie gleichen eingesperrten Vögeln,
die in zu langer Gefangenschaft
den Glauben daran verloren haben,
daß sie fliegen,
daß sie frei sein können.
Öffnet eine helfende Hand
ihnen die Tür,
bleiben sie wie gelähmt
in ihrem Käfig sitzen
und meiden den Blick ins Freie.

Wenn du die Freiheit suchst

Wenn zu schnell vergeht,
was schön genug war,
um länger zu dauern –

wenn das Glück
eine vom Aussterben
bedrohte Gefühlsart
zu sein scheint –

wenn du die Freiheit suchst
und findest dich wieder,
umgeben von Mauern:

Dann mache nicht den Fehler,
dich selbst zu bedauern.
Du hast es falsch angefangen.

Du wirst das Glück wieder finden
und wieder verlieren.
Verliere nur nicht dein Verlangen.

Nichts dazugelernt

Jedes Kind weiß,
daß man die Liebe
nicht belasten darf.
Doch jeder Erwachsene
tut es bis zur
Grenze des Erträglichen.

Die Qualität von Geräten
zeigt sich in Härtetests
und in der Dauerbelastung.
Aber Gefühle sind keine Geräte,
und niemand kann sie reparieren,
wenn sie ernsten
Schaden genommen haben.

Tiefer Fall

Wenn man in einer Liebe
bestimmte Themen ausklammert,
heikle Dinge verschweigt,
weil man sich
vor den Problemen fürchtet,
die ihr Aussprechen
nach sich ziehen könnte,
hat man sich
von einem Liebenden
zu einem Diplomaten entwickelt,
zu einem Politiker der Gefühle.

Ein tiefer Fall.

Stück für Stück

Eine wie du
und einer wie ich
geben keine Ruh
und lassen sich nicht im Stich,

bis sie das Glück
aus vollen Gläsern trinken
und, Stück für Stück,
sich die Enttäuschungen abschminken.

Gib ihr mehr

Das ist Liebe.
Laß sie nicht
um Nahrung betteln.
Gib ihr mehr,
als sie braucht –
und sie kann
einen Weg aus Blütenduft
von deinem Herzen
zu meinem legen.

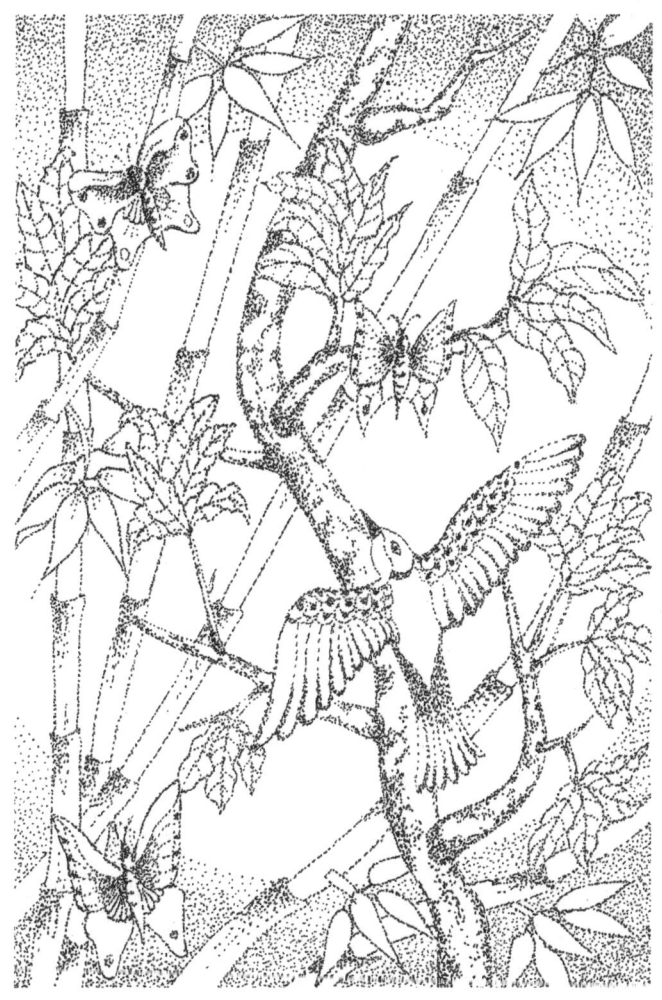

Glücksfall und Glück

Es ist ein Glücksfall,
wenn zwischen zwei Menschen
Liebe entsteht.
Aber es muß ihnen gelingen,
ihr tagtägliches Leben
so zu gestalten
oder umzugestalten,
daß aus dem Glücksfall
wirkliches Glück erwachsen kann.
Denn Glück ist kein zähes Kraut,
das unter schlechten Lebensbedingungen
für sein Überleben sorgt –
eher gleicht es einer zarten Pflanze,
die viel Pflege und Liebe braucht,
um sich entfalten
und wachsen zu können.

Erinnerungen

Was du erlebt hast,
kann dir
niemand mehr nehmen –
das sagt man.

Aber niemand
kann es dir
wiedergeben, wiederbeleben –
das unterschlägt man.

Erinnerungen
sind tote Erlebnisse,
die nur durch die Kraft
unserer Sehnsucht nach ihnen
zeitweilig ein Scheinleben bekommen –
selbstgemachte emotionale Gespenster,
die sich in Luft auflösen,
wenn wir Leben
von ihnen verlangen.

Kleine Mißverständnisse

Kleine Mißverständnisse
können uns schaden,
uns wertvolle Zeit stehlen
und die Kraft nehmen,
die wir brauchen,
um ein größeres Verständnis
zu erreichen,
das die kleinen Mißverständnisse
erst gar nicht
entstehen ließe.

Verwünschungen

Verwünscht sei die Eifersucht –
und gelobt der Respekt
vor dem, was der andere sucht.

Verflucht sei der sture Stolz!
Die Kinder lachen ihn aus,
sein Herz ist aus Holz.

Zum Teufel mit der Eitelkeit!
Sie hat ein Gesicht voller Narben
und glaubt, sie sei die Schönste weit und breit.

Verdammt sei auch die Angst, dieser Quälgeist!
Wenn ein Hund bellt, heißt
das nicht, daß er auch beißt.

Verkümmern soll der blinde Egoismus!
Er entspringt aus Liebesmangel.
Liebe hat Empathie und Idealismus.

In den Müll mit Mißgunst und Neid!
Wer anderen nicht Gutes gönnt,
schafft sich selbst nur Leid.

Ideale Liebe

Eine Liebe, die nie lieblos wird
und sich in Langeweile verirrt;
die mehr hält, als sie verspricht,
in der Fragiles nicht zerbricht.

Wo keiner des anderen Sinn verdreht,
und man sich auch ohne Worte versteht;
wo Probleme nur Wolken am Himmel sind
und Zärtlichkeit der befreiende Wind.

Eine Liebe, die auch Freundschaft ist,
in der die Erde den Himmel küßt;
wo das Glück seine Heimat kennt
und uns seine Kinder nennt.

Für so eine Liebe lohnte es sich zu leben
und sein Allerbestes zu geben.
Ein Paar, das sich verzaubert hält,
ist eine Oase in einer wüsten Welt.

Nun mag man denken: So etwas gibt es nicht.
Wo kein Schatten ist, ist auch kein Licht.
Ein Naiver, der das Lied des Unmöglichen singt!
Doch alles ist unmöglich – bis es gelingt.

Im Frieden

Es könnte so gut sein,
wenn wir besser
mit uns umgingen,
nicht soviel Kraft und Zeit
mit Streitereien vergeuden würden,
die uns nur schaden,
weil die besten Gefühle
zwischen uns sich nur
im Frieden entfalten können.

Ich meine nicht den falschen Frieden,
den man sich aufsetzt
wie eine lächelnde Maske,
ich meine den wirklichen,
der aus Zufriedenheit erwächst
und die Freude des Herzens
blühen läßt.

Zur Liebe kommen

Liebe kommt
und geht –
oder bleibt

in dem Maß,
wie wir bei ihr bleiben,
mit ihr gehen,
zu ihr kommen,

wenn sie uns braucht,
als sei sie unsere Geliebte,
die alles gegeben hat –
und hilflos wartend
die Minuten zählt.

Die Kunst des Vergessens

Vergiß die guten
und die schlechten Träume
der letzten Nacht.
Vergiß den letzten Tag,
wie schön oder mißlungen
er auch war.
Vergiß die letzte Woche,
den letzten Monat,
das letzte Jahr –
es ist alles vorbei!

Und fang
den neuen Morgen an
wie ein Kind,
für das nur zählt,
was hier und jetzt geschieht.

Mach dein Bewußtsein
nicht zu einem Museum
von Erinnerungen;
laß es sein
wie eine Tafel –
und benutze
oft den Schwamm.

Dem Glück auf der Spur

Solange wir
uns frei fühlen
in einer Liebe,
sind wir
dem Glück
auf der Spur.

Beginnen wir
uns unfrei
zu fühlen,
ist das Unglück
uns auf der Spur.

Gedicht über die Liebe

Manchmal war es so
unbeschreiblich stark und schön,
daß ich kein Wort
über die Lippen brachte.
Es war Liebeszauber, Glück –
und ich spürte,
daß du es so fühltest wie ich.
Wozu also Sprache?

Dann wurde es plötzlich
so schwierig, so deprimierend,
ich redete zuviel,
und du auch.
Wir kämpften mit Worten
gegeneinander,
gegen die Liebe.

Und wir fühlten,
wie schnell ein Traum
zu einer Realität werden kann,
die keiner will:
man fährt in einem falschen Zug
in perfekter Dunkelheit,

und statt gemeinsam
die Notbremse zu ziehen,
sitzt man wie gelähmt
und macht sich gegenseitig Vorwürfe.

Es ist kein weiter Weg für Liebende
vom Rausch in die Ernüchterung.
Und auch der Rückweg
von der Enttäuschung in einen neuen Traum
kann schnell gegangen sein –
wenn man ihn findet.

Wie sie mit uns spielt,
die Kraft, die wir Liebe nennen!
Wie sie uns hebt in Glanz und Pracht,
um uns fallen zu lassen
in Trauer und Verzweiflung!
Wie wir sie brauchen
und an ihr hängen,
wie ein Jojo an der Schnur –
und Liebe ist die Hand,
die mit uns spielt.

Doch was führt die Hand?

Wie viele Leben hat die Hoffnung?

Es war eine Gratwanderung
von Anfang an
bis heute –
ein schmaler Weg ohne Geländer,
zum Absturz einladend.

Wir suchten das höchste Glück,
riskierten tiefste Verzweiflung
und fanden beides –
manchmal am selben Tag.

Wie viele Leben hat die Hoffnung?
Wie viele Abstürze überlebt
die Sehnsucht nach Erfüllung?

Es war ein schwerer Weg,
doch er schien jede Mühe,
jede Enttäuschung wert zu sein –
und jeden Stein,
den jene nach uns warfen,
die uns die Chance mißgönnten,
glücklich zu sein.

Jene, die sich
Freunde nannten
und sich zu Feinden machten,
als sie spürten,
daß sie uns verloren.

Statt uns in Frieden
zu lassen,
behinderten sie uns,
stellten uns Fallen,
um zu zerstören,
was sie nicht mehr
kontrollieren konnten.

Wie zerstörerisch, wie gemein
können Menschen sein,
wenn Eifersucht und Neid
ihr Herz beherrschen!

Und wie wehrlos gegen sie
sind Liebende –
denn Liebe ist Frieden.

Wertschätzung

Ich will
von dir nur das,
was du mir gern
und ohne Zweifel gibst –
denn das allein
ist wirklich wertvoll.

Paradox?

Du kannst nur dann
alles von mir bekommen,
wenn du nichts
von mir verlangst.

Drei Wünsche

Ich brauch nicht viel
heute nacht:

eine Kerze,
meine Decke
und einen Platz,
wo ich deinen Schlaf
beobachten kann.

Irrtum

Du denkst,
daß ich mich
distanziere.

Das stimmt,
aber du irrst dich
trotzdem.

Wie soll ich sonst
Anlauf nehmen
für den Sprung
zu dir?

Was erwartest du?

Du treibst mich
mit deiner Unentschlossenheit
tiefer und tiefer
in einen Sumpf –
und wirfst mir vor,
daß ich sinke.

Was erwartest du
denn von mir
in einer solchen Lage:
daß ich dir
fröhlich zuwinke?

Innere Einzelhaft

Man sagt,
viele Wege führen nach Rom.
Zu deinem Herzen
genügte mir einer schon.

Doch da ist nur
eine hohe, starke Mauer –
ein imponierender Schutz
gegen Enttäuschung und Trauer.

Jeder Stein scheint zu sagen,
man soll dich in Ruhe lassen.
Du hast die Sicherheit
eines Gefängnisinsassen.

So etwas nenne ich
selbstverhängte innere Einzelhaft.
Hast du für einen Ausbruch überhaupt
noch genug Mut und Kraft?

Fragestellung

Warum ich Angst habe,
mehr Nähe zu dir zu wagen?

Weil du mir gern
Steine in den Weg legst,
wenn ich auf dich zukomme.

Also müßte ich eigentlich
dich fragen,
warum du Angst hast,
Nähe zu mir zu wagen.

Besser wäre gewesen

Ich bin
vor dir geflohen,
weil du vor mir
geflohen bist.

Ich bin hart
zu dir geworden,
weil du hart
zu mir warst.

Auge um Auge,
Zahn um Zahn.

Besser wäre gewesen:
Blick um Blick,
Kuß um Kuß,
endlos, zeitlos.

Wohin damit?

Und wohin jetzt
mit meiner Traurigkeit
über das Glück,
das wir versäumten?

Holt die Zeit sie ab,
können Gespräche sie vermindern,
oder lasse ich sie
im Schweigen versinken
wie ein Unglücksschiff?

Ich will sie loswerden,
diese Traurigkeit,
die mir die Gegenwart stiehlt
und die Zukunft leugnet.

Sie hängt wie ein Schleier
vor meinen Augen
und nimmt meinem Blick
die Klarheit,
die ich brauche,
um zu sehen, was ist –
und was noch sein kann
zwischen uns.

Vorher – nachher

Seit wir auseinander sind,
fehlt mir manches,
das unersetzlich scheint:
eine innere Ruhe;
ein seelischer Raum,
in dem ich mich
sicher bewegen konnte;
eine Harmonie,
die jede Dunkelheit
erhellen konnte.

Seit wir auseinander sind,
habe ich manches,
das unersetzlich scheint:
eine innere Kraft;
einen seelischen Raum,
in dem ich mich
sicher bewegen lerne;
eine Unabhängigkeit,
die keine Dunkelheit
mehr aufkommen läßt.

Wenn der Zauber vergeht

Wenn der Zauber vergeht
und aus Intensität
Gewohnheit entsteht,
ist es Zeit,
sich zu fragen:
Ist es das,
was ich wollte?
Lebe ich noch,
wie ich leben sollte?

Nichts ist von Dauer,
schon gar nicht Gefühle.
Beständig ist nur
die Unbeständigkeit,
und sie erfordert
Lebendigkeit, Vitalität,
damit man es ungebrochen übersteht,
wenn eine Liebe untergeht.

Für eine neue
ist es nie zu spät.

Über alle Grenzen hinaus

Entweder lieben wir uns
oder wir bekämpfen uns.
Neutralität gelingt uns nicht.
Langen Frieden
hatten wir noch nie.
Tief genug in der Liebe,
wo alle Kämpfe
sich in Duft auflösen,
waren wir zu selten.
Doch in diesen Zeiten
schienen wir wie
füreinander geschaffen.

Unsere Gefühle
können uns ins Glück führen,
wenn wir sie
über alle Grenzen hinaus
leben.

Musik in der Ferne

Der Weg ins Herz meines Lebens
führt über eine schmale Brücke,
die hinter dir zusammenbricht,
wenn du sie überquert hast.

Eine tiefe Schlucht trennt dich
von deiner Vergangenheit –
du kannst nicht mehr zurück.

Jeder Schritt bringt dich
der Musik in der Ferne näher,
die aus deiner eigenen Seele
zu kommen scheint.

Das innere Feuer

Gedanken verändern uns
nicht so tief wie Gefühle.

Worte sagen nichts –
gegen das Schweigen.

Blicke und Hände
durchdringen unsichtbare Wände.

Küsse zünden das innere Feuer an,
ohne das Liebe nicht wärmen kann.

Diese Sehnsucht

Das Schlimmste
ist diese Sehnsucht
nach dem Glück,
wenn man weiß,
wie weit man sich
von ihm entfernt hat.

Doch man täuscht sich.

Es ist immer
in Reichweite.

Manchmal berühre
ich es zufällig
und erschrecke
über meine Blindheit.

Ungedeckte Wechsel

Wie viele überflüssige Worte
wir doch machen,
aus Unsicherheit gewachsene Worthülsen,
sprachliches Leergut
ohne emotionalen Inhalt,
ohne seelische Präsenz –

ungedeckte Wortwechsel,
die nichts wert sind
und nichts erreichen.

Hilfloses Schweigen
wäre ehrlicher, mutiger,
und böte immerhin die Aussicht
auf sinnvolle Begegnungen –
mit oder ohne Worte.

Lange genug

Wann überlassen wir
die Vergangenheit endlich sich selbst?
Jeden Morgen beginnt ein neues Leben!
Es kommen noch so viele Tage,
und ihre Sonne wird uns wärmen
und in Licht baden.

Wir haben lange genug
im Schatten unsrer Erinnerungen gesessen
wie an einem längst schon
abgedeckten Tisch.

So ist es mit mir

Ich hätte so gern
alles mit dir geteilt –
meine Gefühle, meine Gedanken,
meine Kraft, meine Zeit.

Ich wäre so gern
mit dir geflogen
zu einem Ort,
wo das Lächeln gewinnt.

Zu sagen, ich bin enttäuscht,
wäre gelogen.
Aber so ist es mit mir,
und es macht mir
manches Leichte schwer:
wenn ich viel fühle,
erhoffe ich noch viel mehr.

Vertrauenssache

Schließ die Augen
und zähle langsam bis sieben.
Wenn du sie öffnest,
bin ich fort – oder geblieben.
Es gibt keine Sicherheit,
schon gar nicht im Lieben.

Traum und Wirklichkeit

Das Haus,
in dem ich auf dich warte,
steht dicht am Rand
einer hohen Steilklippe.
Die Terrasse bietet
einen grandiosen Ausblick,
aber sie hat kein Geländer.

Manchmal stehe ich
einen Schritt vorm Abgrund
und schaue in die Tiefe
statt in die Tiefe deiner Augen,
denn du bist unerreichbar,
außer Haus, lange Stunden …

Einmal träumte ich,
ich stürzte ab,
fiel tief und starb
beim Aufprall.
Du standest neben mir,
hattest plötzlich Zeit –
und fragtest mich
in vorwurfsvollem Ton,
warum ich nicht

im Haus geblieben sei,
dann wäre ich jetzt
noch am Leben.

Ich wollte den Sturm spüren,
sagte ich,
obwohl ich tot war,
und warum hat die Terrasse
kein Geländer?
Eine Sturmbö hat mich
heruntergerissen,
mit Geländer
wäre das nicht passiert.
Übrigens,
ergänzte ich,
wir streiten uns noch immer,
obwohl ich schon tot bin.

Dann bist du nicht tot,
sagte sie.
In diesem Moment
wurde mir bewußt,
daß ich träumte.

Ich träume,
sagte ich,
da ist alles möglich.

Dann wachte ich auf.
Du lagst schlafend
neben mir.

Ich sah dich lange an,
im Halbdunkel des Raumes.
Dein Gesicht sah friedlich aus,
entspannt, gelöst.
Ich gab dir einen
Kuß auf die Stirn.

Du solltest mich nicht
so oft allein lassen,
dachte ich
und versuchte,
wieder einzuschlafen.

Musik der Herzen

Wie manche Lieder
mit jedem Hören
immer besser werden,
wird die Musik,
die unsre Herzen spielen,
wenn sie sich
füreinander öffnen,
mit jedem Mal
unwiderstehlicher.

Das alles

Meine Augen lieben dein Gesicht,
meine Hände deine Haut,
meine Lippen deinen Mund,
meine Nase deinen Duft,
meine Ohren deine Stimme.

Mein Körper liebt deine Wärme,
mein Herz deine Unschuld,
dein kindhaftes Glück.

Das alles
und all das Unsagbare
meine ich,
wenn ich dir sage:
Ich liebe dich.

Das Beste

Um den Augenblick
zu feiern,
pflanzte ich dir
einen Baum –
in deinem Traum
letzte Nacht.

Du wußtest,
daß es das Beste war,
was ich in diesem Moment
tun konnte.

Es ist schön zu hören,
daß ich genau
das Richtige getan habe,
vor allem in deiner Traumwelt.

Wie eben

Das Paradies liegt
in deinen Augen,
wenn sie so in meine sehen
wie eben,
als du meine Seele
in Brand stecktest
wie trockenes Holz.

In diesem Feuer
bin ich zu Hause.
Für diesen Tanz der Flammen
lebe ich.

In deiner Nähe

Du –
wo immer du auch bist,
was immer du auch fühlst –
ich bin in deiner Nähe
und fühle mit dir,
denn ich bin
ein Teil von dir,
den du im Spiegel sehen kannst –
im verborgenen Glanz deines Blicks.

Ganz plötzlich

Als du mich
ganz plötzlich umarmtest
und deine zärtliche Nähe
mir tief unter die Haut ging,
war es keine Kunst,
wieder zu fühlen,
zu lächeln
und zu wissen,
daß nichts verloren war.

Liebe ist wirklich

Jemand sagte,
Liebe sei ein Schlachtfeld,
auf dem Gefühle verletzt,
Hoffnungen verstümmelt
und Träume getötet werden.
Ich glaubte ihm nicht.

Ich bekam die Botschaft,
Liebe sei ein Garten Eden,
in dem Harmonie und Frieden herrsche,
Zauber blühe
und Schönheit triumphiere.
Ich hätte gern daran geglaubt.

Ich hörte,
Liebe sei ein langer,
verwirrender Weg ins Freie,
ein Labyrinth der Sehnsucht,
in dem Herzen sich verirren
und ihre Jugend verlieren.
Ich wußte keine Antwort.

Ich las,
Liebe sei die Urkraft,
die uns ernähre und der
niemand widerstehen könne,
sofern er offen lebe.
Dann leben nicht viele offen,
wandte ich ein,
denn alle Welt
widersteht der Liebe.

Man sprach auch von der Liebe
als einer großen Betrügerin,
die nicht einmal
ein Zehntel dessen halte,
was sie verspreche.
Und ich schüttelte den Kopf.

Sie sei allenfalls
eine wunderschöne Illusion,
hieß es.
Und ich sagte,
Liebe ist wirklich,
Liebe ist wichtig,
denn ohne sie
verliert das Leben
seine Seele.

Die Schritte deines Herzens

Du überraschst mich,
gibst mir Rätsel auf,
bist unbegreiflich,
schenkst mir Schätze
und nimmst sie mir wieder –
und ich frage mich
nicht zum ersten Mal,
ob ich nicht im Kreis gehe,
wenn ich dich suche.

Ich werde stehenbleiben
und die Augen schließen.
Ich werde lauschen,
bis ich die
Schritte deines Herzens
hören kann.

Dann finde ich dich
mit geschlossenen Augen.

Helle Freude

Du hast mich
so maßlos beschenkt
mit heller Freude,
daß mir
unser Glück
im Gesicht
geschrieben steht.

Jeder kann es lesen,
doch wir
können es leben.

Der richtige Moment

Laß dein Herz fliegen,
es war noch nie so leicht.
Der Himmel hat
die Wolken vergessen,
der Wind trägt
den Duft der Verzauberung.

Spürst du nicht auch,
wie uns die Seele
nach oben trägt?

So bist du

Wie klares Wasser.
Wie blauer Himmel.
Wie feiner weißer Sand –
so bist du.

Wie Muscheln am Strand.
Ein Schmetterling im Wind.
Wie ein Schweigen,
das alles umarmt –
so bist du.

Ein Freudenfeuer
in der Nacht der Welt,
ein Lächeln im Gesicht des Mondes.
Die wahre schöne Stille
abseits vom Lärm der Komödianten –
so bist du.

Der Atem der Liebe

In deiner Nähe
fühle ich
den Atem der Liebe,
der meine Seele belebt
mit einem sanften Zauber –

wie aus einem Traum
jenseits von Zeit und Raum.

Inhalt